LA CONSTITUTION DE 1852

ET LE DÉCRET DU 24 NOVEMBRE 1860.

IMPRIMERIE DE BEAU, À SAINT-GERMAIN EN-LAYE.

LA CONSTITUTION

DE 1852

ET LE DÉCRET DU 24 NOVEMBRE 1860

Par M. LÉONCE DE LAVERGNE.

> Prenons ceci, puisque Dieu nous l'envoie.
> LA FONTAINE.

PARIS

H. DUMINERAY, ÉDITEUR,

78, RUE RICHELIEU,

Et les principaux Libraires de Paris, de la France et
de l'Étranger.

1860

LA CONSTITUTION

DE 1852

ET LE DÉCRET DU 24 NOVEMBRE.

I

D'un Gouvernement libre.

Le décret du 24 novembre a créé, de l'aveu una-
nime, une situation nouvelle. Ce second *Acte additionnel* aux Constitutions de l'Empire modifie sensiblement la nature du Gouvernement impérial.
Hier encore, la Constitution de 1852, mal étudiée
et mal connue, n'était considérée par l'opinion
que comme un texte sans importance, qui dispa-
raissait devant la réalité d'un pouvoir tout personnel ; aujourd'hui, cette Constitution vivifiée
par la publicité des deux Chambres, s'éclaire tout
à coup d'une lumière inattendue, et on s'étonne
en la lisant de toutes les garanties qu'elle peut

donner à la liberté, dès qu'elle sort de l'ombre qui la couvrait pour fonctionner au grand jour. Ce n'est rien moins que la dixième qu'il a plu à la France de se donner depuis 1789 (1) ; elle procède en apparence de celle de l'an VIII modifiée par le sénatus-consulte organique de 1804, mais elle a plus de rapports qu'on ne croit avec la Charte de 1814 amendée en 1830, et ce n'est pas en vain qu'elle est venue après dans l'ordre chonologique.

« Aujourd'hui, dit M. Guizot dans le dernier volume de ses *Mémoires*, on repousse le régime parlementaire, mais on admet le régime représentatif. On ne veut pas de la monarchie constitutionnelle, telle que nous l'avons vue de 1814 à 1848, mais à côté d'un trône, on garde une Constitution. On distingue, on explique, on disserte, pour bien séparer du Gouvernement parlementaire le régime national et libéral, mais très-différent, qu'on veut

----

(1) En voici la liste :

1. Constitution de 1791.—2. Constitution de 1793.—3. Constitution de 1795 (an III). — 4. Constitution de 1799 (an VIII). — 5. Sénatus-Consulte organique de 1804. — 6. Charte constitutionnelle de 1814. — 7. Acte additionnel de 1815. — 8. Charte constitutionnelle de 1830. — 9. Constitution de 1848. — 10. Constitution de 1852.

Sans compter plusieurs modifications de détail dont quelques-unes sont très-importantes, comme le sénatus-consulte organique de 1802 qui a établi le Consulat à vie, et celui de 1807 qui a supprimé le Tribunat.

lui donner pour successeur. J'admets ce travail. Je livre le Gouvernement parlementaire aux anatomistes politiques qui le tiennent pour mort et qui en font l'autopsie ; mais je demande quel sera son successeur. Qu'il y ait des formes et des degrés divers de Gouvernement libre, que la répartition des droits et des devoirs politiques ne doive pas être toujours et partout la même, cela est évident ; ce sont là des questions de lieu, de mœurs, d'âge national, de géographie et d'histoire. Que notre régime parlementaire se soit plus d'une fois trompé ; qu'il ait trop donné ou trop refusé, tantôt au pouvoir, tantôt à la liberté, peut-être à tous les deux, je ne conteste pas. Mais les fautes de ce régime reconnues, reste toujours la vraie, la grande question : la France aura-t-elle ou n'aura-t-elle pas un Gouvernement libre ? »

Le décret du 24 novembre a répondu en partie à cette question. Le Gouvernement fondé par la Charte a donné à la France les trente deux meilleures années de son histoire, mais il a un tort et le plus grand de tous, il est tombé ; il s'est évanoui en une heure sans que la nation qui lui devait sa prospérité ait fait le moindre effort pour le soutenir. Un autre Gouvernement est debout, largement investi de cette force matérielle qui a manqué un jour à la monarchie parlementaire. Des deux grands éléments également nécessaires à la vie des peuples, il en est un, l'ordre, qui paraît assuré ; il dépend maintenant de nous d'y joindre l'autre, la liberté, qui peut seule rendre l'ordre digne, fécond et durable. Tous les partis qui divisent la France ont été tour à tour vainqueurs et vaincus ; aucun ne peut prétendre à la domination exclusive. Suivons chacun notre voie, fidèles à nos amis et à nous-mêmes ; conservons, dans une entière soumission aux lois, l'indépendance de nos convictions, mais cherchons de bonne foi ce qui peut nous rapprocher, afin d'éviter à la patrie commune de nouvelles secousses.

Les institutions actuelles n'ont désormais rien de fondamental qui s'oppose à cette tentative de conciliation. Représentatif ou parlementaire, le Gouvernement qu'elles ont établi sera un Gouvernement libre, dès que la France voudra.

II

Des modifications à la Constitution.

Remarquons d'abord qu'en droit et en fait, ces institutions ne sont pas immuables. « La Constitution présente, dit la proclamation au peuple français qui lui sert de préambule, n'a fixé que ce qu'il était impossible de laisser incertain. *Elle n'a pas enfermé dans un cercle infranchissable les destinées d'un grand peuple.* Elle a laissé aux changements une assez large voie pour qu'il y ait, dans les grandes crises, d'autres moyens de salut que l'expédient désastreux des révolutions. »

Ces dispositions prévoyantes ont déjà reçu plusieurs fois leur exécution. Deux sénatus-consultes organiques, rendus depuis la promulgation de la Constitution du 14 janvier 1852, ont apporté à son texte des modifications profondes. Le premier a rétabli la dignité impériale et réglé l'ordre de la succession au trône ; le second a réformé plusieurs articles importants pour les adapter au nouveau régime. Il ne se peut concevoir de changement plus radical que la substitution de la monarchie à la république ; cette transformation s'est pourtant opérée sans difficulté, dans les formes prévues par la Constitution elle-même. Aujourd'hui encore, des changements considérables d'une autre nature viennent de s'accomplir sans secousse par l'insertion de quelques lignes au *Moniteur*. Il en sera ainsi à plus forte raison quand il s'agira de nouvelles réformes, si jamais on les juge nécessaires.

Par une conséquence naturelle du principe, le

serment d'obéissance à la Constitution et de fidélité à l'Empereur, n'a été imposé qu'aux ministres, aux membres du Sénat, du Corps législatif et du Conseil d'Etat, aux officiers de terre et de mer, aux magistrats et aux fonctionnaires publics, c'est-à-dire à ceux qui exercent une part quelconque de la puissance publique dans l'ordre constitutionnel. Les électeurs en sont affranchis, comme membres du peuple souverain. Même pour ceux de qui il est exigé, ce serment ne peut pas avoir tout à fait le même sens que s'il s'agissait, comme autrefois, d'une Constitution incommutable (1).

Sans doute il ne faudrait pas abuser de cette latitude, et, suivant toute apparence, on n'en abusera pas. Elle existe, cela suffit. Les réformes véritablement utiles sont celles qui s'opèrent peu à peu par la puissance paisible de l'opinion, et l'adhésion de l'opinion ne peut manquer tôt ou tard à toute réclamation raisonnable, car le droit de modifier la Constitution entraîne celui de la discuter dans toutes ses parties. Ce droit ne doit être exercé qu'avec une extrême réserve et dans les limites fixées par la loi, mais en soi, il ne peut être contesté.

______

(1) L'obligation du serment a été étendue par un sénatus-consulte du 19 février 1858, aux *candidats* au Corps législatif.

III

Des principes de 1789.

La Constitution contient en outre une déclaration qui suffirait pour simplifier beaucoup les choses, si elle était clairement interprétée. Son article premier est ainsi conçu :

« *La Constitution reconnaît, confirme et garantit les grands principes proclamés en 1789 et qui sont la base du droit public des Français.* »

Il ne manque à cet article qu'une définition précise de ce qu'il faut entendre par les principes de 1789. Puisqu'il existe une autorité chargée d'interpréter la loi fondamentale, une décision de sa part lèverait tous les doutes, et il y a peut-être quelque lieu de s'étonner que le Sénat ne se soit pas encore occupé d'y pourvoir. En attendant cet acte concluant, l'interprétation qui se présente le plus naturellement, consiste à rechercher dans les constitutions antérieures les principes communs, considérés jusqu'ici comme formant la base du droit public des Français. Ces principes sont, d'après la *Déclaration des droits* de 1789 et la Charte de 1830, l'égalité des citoyens devant la loi, la liberté individuelle, la liberté des cultes, la liberté de la presse et l'inviolabilité de la propriété, hors le cas d'intérêt public légalement constaté.

Ces articles de la Charte doivent-ils être considérés comme s'ils étaient insérés mot à mot dans la Constitution de 1852? Ce serait déjà un rapprochement considérable entre les deux systèmes. Dans tous les cas, la décision interprétative du Sénat, quand elle interviendra, ne saurait être bien différente. Ces principes sont seuls véritablement essentiels; une fois consacrés et mis hors d'atteinte, les questions du mécanisme constitutionnel deviennent secondaires. Monarchies ou républiques, ces programmes de gouvernement qu'on appelle des constitutions, n'ont de valeur réelle qu'autant qu'ils garantissent les droits individuels; pourvu que les personnes et les propriétés soient sûres d'être respectées, le procédé importe assez peu. «La liberté politique, dit Montesquieu, est tout entière dans l'idée que chaque citoyen se fait de sa sûreté. »

Ces droits précieux qui ont reçu dans la *Déclaration des droits* leur expression la plus nette, ne sont pas propres à la France et à 1789; ce n'est rien moins que l'œuvre commune de toute la civilisation moderne. Nous les avons empruntés en partie aux peuples qui nous ont précédés dans la carrière de la liberté, nous devons les transmettre à notre tour à ceux qui nous suivent. Il en est cependant qui n'ont pas encore reçu chez nous toute la consécration nécessaire ; tel est le plus important de tous, la liberté individuelle (1). Suivant que cette base manque ou subsiste, tout l'échafaudage des institutions publiques devient un odieux mensonge ou une imposante réalité. Le moment paraît venu de travailler efficacement à la consolider.

IV

Du chef de l'État.

Si maintenant nous entrons dans l'examen du mécanisme gouvernemental établi par la Constitution, nous trouverons qu'il ne diffère pas profondément du régime de la Charte, il se compose comme lui de trois pouvoirs, un monarque héréditaire, une assemblée viagère et une assemblée élective.

Les attributions du chef de l'Etat sont à peu près

(1) Voir dans la *Revue des deux Mondes* du 15 août 1860, un excellent article sur ce qui manque en France à la liberté individuelle, par M. Lefèvre-Pontalis, auditeur au Conseil d'État.

les mêmes dans les deux systèmes. Le Roi ou l'Empereur commande également les forces de terre et de mer, déclare la guerre, fait les traités de paix, d'alliance et de commerce (1), nomme à tous les emplois, sanctionne et promulgue les lois, etc. Il n'y a de véritable différence que sur un point, et ce point n'a pas l'importance qu'il paraît avoir. Les chartes monarchiques posaient en principe l'irresponsabilité du pouvoir royal ; la Constitution de 1852 a fait disparaître cette règle, excellente en soi quand on l'observe, mais qui n'était malheureusement en France qu'une fiction.

« Dans ce pays de centralisation, dit la proclamation au peuple français, l'opinion publique a sans cesse tout rapporté au chef de l'Etat, le bien comme le mal. Aussi écrire en tête d'une charte que ce chef est irresponsable, c'est mentir au sentiment public, c'est vouloir établir une fiction qui s'est trois fois évanouie au bruit des révolutions. La Constitution actuelle proclame au con-

(1) Il faut cependant remarquer ici que le sénatus-consulte du 23 décembre 1852 a donné à cette dernière attribution une portée qu'elle n'avait pas sous la monarchie parlementaire. La sanction des Chambres, qui était autrefois nécessaire pour les changements de tarifs stipulés par traité, a cessé de l'être. C'est en vertu de ce droit nouveau qu'a été conclu le dernier traité de commerce avec l'Angleterre. Les intérêts engagés ont réclamé, et l'enquête qui, sous le régime de la Charte, aurait précédé le traité, a eu lieu *après*.

traire que le chef que vous avez élu est *responsable*
devant vous, qu'il a toujours le droit de *faire*
appel à votre jugement souverain, afin que, dans les
circonstances solennelles, vous puissiez lui donner
ou lui retirer votre confiance. »

Ces paroles ne sont que trop vraies. La France
n'a jamais accueilli la fameuse thèse qui a fait la
fortune politique de l'Angleterre. Plus la Charte
rendait le chef de l'Etat irresponsable, plus les
partis hostiles s'attachaient à combattre ce qu'ils
appelaient le *gouvernement personnel*. Mais on ne
peut en même temps se dissimuler que l'éven-
tualité admise par la Constitution présente les plus
grands dangers. L'appel au peuple de la part d'un
empereur en lutte ouverte avec le Corps législatif
issu comme lui du suffrage universel, car on ne
peut guères prévoir d'autre hypothèse, aurait toute
la gravité d'une révolution. Avec l'impatience nationale, il en sortirait bien vite un conflit armé.
Pour échapper à de pareilles extrémités, on doit
être naturellement conduit à atténuer le plus possible dans la pratique cette responsabilité redoutable et à se rapprocher par le fait, sinon par le
droit, de la doctrine contraire.

V

De la responsabilité ministérielle.

C'est ce qu'a fait fort sagement la Constitution elle-même, en maintenant, malgré la responsabilité du chef de l'État, le principe de la responsabilité ministérielle, qui est celui des autres gouvernements constitutionnels. Seulement, cette responsabilité, qu'on avait quelquefois considérée comme collective et solidaire, est restreinte aux actes personnels de chaque ministre. C'est ce qui résulte de l'article 13, ainsi conçu :

« *Les ministres ne dépendent que du chef de l'État; ils ne sont responsables que, chacun en ce qui le concerne, des actes du Gouvernement; il n'y a point de solidarité entre eux; ils ne peuvent être mis en accusation que par le Sénat.* »

La responsabilité solidaire n'a jamais été formellement exprimée par la Charte de 1814 et de 1830, qui se contente de dire (article 12) : *Les ministres sont responsables.* La responsabilité personnelle suffit parfaitement aux véritables exigences d'un Gouvernement libre. Rien ne l'empêche d'ailleurs de devenir collective dans les cas extrêmes : cette responsabilité s'attache à la signature, et nous avons déjà vu plusieurs fois, sous le régime impérial, des documents signés par plusieurs ministres. D'un autre côté, le *Moniteur* annonce assez souvent que les ministres se sont réunis *en conseil*. Or, qui dit conseil dit probablement délibération en commun, comme sous le régime parlementaire. La différence, s'il y en avait une, va donc en s'effaçant.

On ne peut non plus voir une nuance bien marquée dans ces mots : *Les ministres ne dépendent que du chef de l'État*. Les ministres n'ont jamais dépendu que du chef de l'État, qui seul avait le droit de les nommer et de les révoquer. Si les Chambres exerçaient une influence sur la nomination et le renvoi des ministres, ce n'était que par voie indirecte, en acceptant ou en rejetant leurs propositions, et cette voie leur est aujourd'hui ouverte tout autant que par le passé.

Les formes à suivre en cas d'accusation ont subi un changement notable. Dans le système de la Charte, la Chambre des Députés avait le droit d'accuser les ministres et de les traduire devant la Chambre des Pairs, qui seule avait le droit de les juger. C'est aujourd'hui le Sénat qui a le droit d'accusation, comme sans doute celui de jugement, quoique le texte ne s'explique pas sur ce point. Cette distinction peut avoir sa valeur ;

mais du moment où la question d'accusation serait résolue dans les esprits, il importerait probablement assez peu que le droit de la formuler ap-
partînt à l'un ou à l'autre des grands corps de
l'État. On a vu, sous la monarchie parlementaire,
la Chambre des Pairs ne pas hésiter à poursuivre
deux de ses membres, accusés de prévarication.

Cette responsabilité constitutionnelle des ministres avait été jusqu'ici tellement obscurcie, que la
plus grande partie du public ignorait qu'elle fît encore partie de nos lois; elle reparaît dans toute sa
force, depuis que le voile est levé.

VI

Des ministres sans portefeuille.

Une différence considérable séparait cependant
les ministres d'aujourd'hui de ceux d'autrefois;
ils n'avaient plus accès dans les Chambres et ne
pouvaient y prendre la défense de leurs actes. Des
commissaires du Gouvernement, pris dans le sein
du Conseil d'État, les remplaçaient. « La Chambre, disait la proclamation au peuple français, *n'é-
tant plus en présence des ministres,* et les projets de
loi n'étant plus soutenus que par les orateurs du

Conseil d'État, le temps ne se perd plus en vaines interpellations, en accusations frivoles, en luttes passionnées, dont l'unique but était de renverser des ministres pour les remplacer. »

Nous ignorons quels sont les motifs qui ont pu changer sur ce point capital la pensée du Gouvernement, mais une institution nouvelle vient d'écarter ce qui avait paru jusqu'ici une des conditions essentielles du régime actuel. Les ministres à portefeuille ne sont pas encore admis à soutenir eux-mêmes leurs actes et leurs projets, mais il est créé une nouvelle catégorie de ministres, ayant le rang et le traitement des autres, logés comme eux aux frais de l'État, ayant comme eux entrée au Conseil, et chargés spécialement de donner aux deux Chambres les explications les plus détaillées sur la politique intérieure et extérieure. Pour marquer encore plus, s'il est possible, ce pas significatif, le choix des premiers ministres sans portefeuille a porté sur trois hommes déjà connus dans nos anciennes assemblées, MM. Magne, Billault et Baroche.

Jusqu'à quel point cette distinction entre les ministres qui parlent et ceux qui agissent, peut-elle se maintenir, quand la discussion devient pressante ? C'est ce que nous allons voir. En attendant, tous les amis du gouvernement parlementaire ne peuvent qu'applaudir à ce premier retour. Il faut que la force des choses soit bien puissante pour qu'après quelques années d'un régime différent, on revienne de soi-même, sans pression apparente de la part de l'opinion, à ce qu'on se vantait tant d'avoir évité. Il n'y a pas jusqu'à ce mot de *conseil des ministres*, maintenant consacré par décret impérial, qui n'ait son importance. Ce conseil n'est plus seulement un usage, c'est une institution; et suivant toute apparence, l'opinion de ceux qui, en sortant de là, auront à comparaître devant le Corps législatif, deviendra bien vite prépondérante. Tant que les ministres à portefeuille ne seront pas mêlés, eux aussi, à la discussion, ils n'auront probablement qu'un rôle analogue à celui des anciens secrétaires-généraux, et l'importance politique appartiendra tout entière à ceux qui porteront la parole devant la France.

Une question grave se soulève à ce sujet. Les ministres sans portefeuille seront-ils responsables? L'article 13 de la Constitution de 1852 n'a pas pu prévoir cette catégorie de ministres qui n'existait pas alors; cet article attache au titre de *ministre* la condition de la responsabilité, mais en même temps il la restreint aux *actes* personnels; or, les discours sont-ils des actes? Si le ministre qui a signé un décret est responsable, celui

qui aura soutenu ce même décret devant les
Chambres peut-il ne pas l'être ? N'est-on pas me-
nacé par là de rentrer dans cette responsabilité
collective et solidaire que repousse formellement
l'article 13 ? Ce n'est pas à nous, simples specta-
teurs, qu'il appartient de résoudre ces questions
délicates; nous nous permettons seulement de
les poser.

Une question du même genre peut être soule-
vée à propos des membres du Conseil privé,
autre institution nouvelle qui n'était pas non
plus dans la Constitution de 1852; mais elle se
trouve implicitement résolue par le message impérial du 1ᵉʳ février 1858; le Conseil privé ne devant être que *consulté* sur les grandes affaires de
l'Etat, la responsabilité qui s'attache à la décision
revient exclusivement aux ministres.

VII

Du Sénat.

Le Sénat n'a, au premier coup d'œil, que des
rapports éloignés avec l'ancienne Chambre des
Pairs. Beaucoup moins nombreux, il n'est plus,
comme elle, une portion essentielle de la puis-

sance législative. Les lois ne peuvent être promul-
guées sans lui être soumises, mais son devoir est
uniquement de s'opposer à la promulgation de
celles qui seraient contraires à la Constitution, à
la religion, à la morale, à la liberté des cultes, à
la liberté individuelle, à l'égalité des citoyens devant la loi, à l'inviolabilité de la propriété et au
principe de l'inamovibilité de la magistrature.
Pour tout ce qui touche à la Constitution, son
pouvoir est beaucoup plus grand. Gardien du
pacte fondamental et des libertés publiques, lui
seul peut régler tout ce qui n'a pas été prévu par
la Constitution, ainsi que le sens des articles qui
donnent lieu à interprétation ; lui seul peut pro-
poser des modifications à la Constitution, et si
cette disposition est adoptée par le Pouvoir exécutif, y pourvoir par un sénatus-consulte.

Dans la réalité des faits, les fonctions du Sénat
n'ont pas été tout à fait aussi spéciales. La nécessité d'examiner si les lois votées par le Corps
législatif étaient ou non contraires aux principes,
a dû l'amener à les discuter tout entières. Il est
d'ailleurs investi de deux attributions qui contri-
buent puissamment à le saisir de toutes les questions politiques, il peut poser les bases des projets
de loi qu'il considère comme d'un grand intérêt
national, et par conséquent servir au moins de

conseiller à la puissance législative ; mais le plus vital de ses droits, celui qui peut avoir les plus grandes conséquences, résulte de l'article 29 :

« *Le Sénat maintient ou annule tous les actes qui lui sont déférés comme inconstitutionnels par le Gouvernement ou dénoncés pour la même cause par les pétitions des citoyens.* »

Cet article permet au moindre Français de déférer au Sénat tous les actes du Gouvernement sans exception, même ceux qui touchent à la politique extérieure, comme on l'a vu tout récemment pour les rapports de la France avec la cour de Rome. La disposition la plus grave est celle qui donne à ce corps le droit et par conséquent le devoir d'ANNULER tout acte inconstitutionnel qui lui est dénoncé par une pétition ; ce n'est rien moins qu'une haute Cour de cassation politique. Il est peu de termes plus généraux et plus larges. Le Sénat peut-il annuler un décret impérial ? Sans aucun doute, puisque son pouvoir s'étend sur la loi et même sur la Constitution. C'est ici surtout que la définition des principes de 1789 devient nécessaire, car tout acte contraire à ces principes étant par cela même inconstitutionnel, peut et doit être annulé par le Sénat.

Les votes du Sénat ayant pour but d'interpréter et de réformer la Constitution, sont soumis à la sanction du pouvoir exécutif, mais celles de ses décisions qui annulent un acte inconstitutionnel en sont affranchies; il est investi sur ce point d'un pouvoir souverain. Il n'y a jamais eu dans aucune constitution de garantie plus formelle contre l'arbitraire, pourvu qu'on en use. Comme tout le reste de la Constitution, cet article était demeuré dans l'ombre; il en sort aujourd'hui.

Jusqu'ici les séances du Sénat n'ont pas été publiques, mais le *Moniteur* qui se bornait à l'origine à un résumé sommaire de ces séances, leur a, dans plusieurs occasions récentes, donné la publicité la plus complète, et ce qui n'avait été que l'exception, est heureusement devenu la règle par le décret du 24 novembre. Ce mystère absolu, si commode aux capitulations de conscience, va cesser, et, que le Sénat l'ait désiré ou non, chacun de ses membres va, comme autrefois, avoir à répondre devant le public de ses actes et de ses paroles. Une seule différence fondamentale sépare encore le Sénat de l'ancienne Chambre des Pairs. Une dotation annuelle et viagère de 30,000 francs est affectée à la dignité de Sénateur, tandis que les fonctions de Pair de France étaient gratuites ; mais cet article ne se trouvait pas dans la Constitution primitive du 14 janvier 1852, il n'a été introduit que par le sénatus-consulte du 25 décembre suivant, et si les idées venaient à changer de nouveau, un sénatus-consulte pourrait défaire ce qu'un sénatus-consulte a fait.

VIII

Du suffrage universel.

La différence essentielle entre l'ancienne Chambre des Députés et le Corps législatif actuel, c'est que la première était nommée par le suffrage restreint, tandis que le second est élu par le suffrage universel.

On peut varier sur le jugement théorique à porter du suffrage universel, cette question est maintenant résolue par les faits. Le suffrage universel est la loi de la France depuis treize ans. Il ne s'agit plus de savoir s'il est bon ou mauvais en soi, s'il a réalisé les espérances de ses partisans ou les craintes de ses adversaires ; il ne s'agit que de le rendre aussi sincère, aussi éclairé, aussi véritablement universel que possible. Personne n'est obligé de briguer des fonctions électives, tout le monde doit contribuer de son mieux à faire de bons choix. L'abstention n'est désormais ni digne ni habile, rien ne peut plus la justifier. Si l'exercice

du droit électoral est entravé par des moyens illé-
gitimes, la publicité 'des deuxChambres est là pour
en faire justice, pourvu qu'il se trouve un seul
homme qui veuille les dénoncer.

Au bout du compte, le suffrage universel a sauvé
la France en 1848, en envoyant à l'Assemblée nationale une majorité énergiquement dévouée à
l'ordre ; qui sait s'il ne pourrait pas aujourd'hui,
dans des circonstances toutes différentes, envoyer
une majorité nouvelle non moins dévouée à la liberté? Français, confions-nous à la France qui a
toujours su retrouver la bonne voie au milieu de
ses plus grands égarements. Ce qui mérite le moins
de regrets dans l'ancienne monarchie parlementaire, c'est à coup sûr son corps électoral qui n'a
jmais su ni la comprendre ni la défendre, et qui
a misérablement fini par s'abandonner lui-même
le 24 février.

Le suffrage universel, que nous apprenons tous
les jours à mieux connaître, est évidemment sujet
à de brusques *coups de vent* d'une violence irrésis-
tible. Avec lui, rien n'est jamais sauvé, mais rien
non plus n'est jamais perdu. C'est un élément
comme un autre, dont il faut étudier les lois. Lui
trop céder serait lâcheté, lui trop résister serait
folie. C'est dans l'art de céder et de résister à propos aux entraînements de l'opinion que consiste

l'habileté des hommes politiques anglais, et qu'a consisté de tout temps la science du gouvernement dans les pays libres. Le suffrage le plus restreint n'est pas exempt des mêmes orages ; la Restauration avait organisé une véritable oligarchie électorale, et le petit nombre des électeurs, combiné avec le double vote des privilégiés, n'en a pas moins amené, sous la pression de l'opinion, l'adresse des *deux cent vingt et un* et la chute du trône.

IX

Du Corps législatif.

Les députés au Corps législatif reçoivent une indemnité mensuelle de 2,500 fr. pendant la durée de chaque session ordinaire et extraordinaire, ce qui les distingue des membres des anciennes chambres. Comme la dotation du Sénat, cet article a été introduit dans la Constitution par le sénatus-consulte du 25 décembre, et on pourra quand on voudra revenir à l'article primitif qui était ainsi conçu : *Les députés ne reçoivent aucun traitement.* Une simple indemnité se justifie d'ailleurs suffisamment, dans un pays démocratique comme le nôtre, quand le mandat de député est déclaré incompatible avec toute autre fonction publique salariée. C'est la conséquence naturelle du principe d'incompatibilité qui a prévalu à la révolution de février.

Les séances du Corps législatif sont publiques comme celles de la Chambre des Députés, mais le compte-rendu des séances par les journaux n'avait pu jusqu'ici consister que dans la reproduction du procès-verbal dressé par les soins du président. A l'origine, on se bornait à quelques mots sommaires; une tendance s'est manifestée peu à peu à entrer dans plus de détails, et le jour est enfin venu où l'on va tout dire. La publicité étant l'essence même de tout gouvernement libre, ce pas peut être décisif, si le Corps législatif répond dignement à l'appel qui lui est fait. Déshabitués comme nous le sommes des mâles devoirs de la vie politique, il se peut que le Corps législatif recule tout d'abord devant ce surcroît d'influence et de responsabilité; mais pourvu que la publicité dure, elle portera tôt ou tard ses fruits, et nous avons tant appris à attendre que nous pouvons bien attendre encore avec patience cet inévitable moment.

Ce n'est pas que nous attachions précisément un grand prix au rétablissement de l'adresse. De tous les usages de l'ancien gouvernement parlementaire, celui-là soulevait le plus d'objections et de doutes. On discute fort peu l'adresse en Angleterre, et ce pays ne jouit pas moins de la plénitude d'un gouvernement libre. Hélas ! nous n'avons que trop vu l'impuissance de l'éloquence la plus admirable sur les passions émues, et les générations vivantes n'entendront probablement plus ces magnifiques tournois oratoires dont l'effet utile n'a jamais égalé l'éclat. Ce qu'il nous faut désormais, c'est le langage froid et positif des affaires, et la discussion d'une adresse, en ouvrant un champ général et vague, semble plutôt nous en éloigner. C'est sur la discussion de chaque jour, sur l'examen détaillé du budget et des projets de loi, qu'il faut compter beaucoup plus pour réveiller parmi nous le sentiment de l'intérêt public. Tout appareil théâtral tout bruit passionné, ne peut qu'exciter la défiance et presque l'effroi, en rappelant de pénibles souvenirs.

Le rôle du Corps législatif dans notre organisation politique redevient donc le même qu'autrefois. Le droit d'amendement et l'initiative des lois lui ont été retirés, mais s'il ne peut pas amender les lois, il peut les rejeter; cela suffit pour que sa prérogative redevienne entière, pour peu qu'il le veuille. Le droit d'amendement s'exerçait d'ailleurs en toute liberté par ses commissions, et une disposition assez obscure du décret du 24 novembre paraît avoir pour but d'étendre à cet égard ses attributions. Son pouvoir en matière de finances est aussi absolu que jamais, malgré quelques dispositions plus restrictives en apparence qu'en réalité et qui paraissent destinées à disparaître à leur tour, et dans les emprunts contractés comme dans l'ensemble des dépenses publiques, rien n'a pu se faire sans son assentiment. Aucun obstacle légal ne s'oppose à son droit de discussion ; s'il n'en a pas fait jusqu'ici un plus grand usage, c'est qu'il n'a pas voulu ; ce droit se retrouvera sans limites, dès qu'il jugera à propos d'en user davantage.

La durée des sessions avait été fixée à trois mois par la Constitution, mais l'expérience a montré que ce terme était trop court, et l'usage des prorogations successives s'est tout naturellement établi.

Le nombre des députés a été réduit à 267, au lieu de 459 que comptait autrefois la Chambre élective. « C'est là, dit la proclamation au peuple français, une garantie du calme des délibérations, car trop souvent on a vu dans les assemblées la mobilité et l'ardeur des passions croître en raison du nombre.» Observation parfaitement juste quand elle s'adresse aux assemblées républicaines qui avaient 900 membres, mais moins fondée peut-être quand il s'agit des assemblées monarchiques qui n'en avaient que la moitié. Cette question est de celles qui se réveilleront quelque jour, car on a dû, pour se borner à ce petit nombre d'élus, grouper ensemble des arrondissements qui répugnen quelquefois à cet amalgame ; mais elle n'a rien d'urgent pour le moment, et 267 députés résolus à faire leur devoir, avec le concours de la publicité, peuvent exercer sur la marche du gouvernement un contrôle suffisant.

X

Du conseil d'État.

La Charte ne parlait pas du conseil d'État, bien que cette institution de l'ancienne monarchie, rétablie par Napoléon, se fût maintenue sous le régime parlementaire, après avoir beaucoup perdu de ses attributions et de sa puissance. La Constitution de 1852 lui consacre un titre spécial et le place immédiatement après le Sénat et le Corps législatif. La proclamation au peuple français lui

donnait même un rang plus élevé. « Plus la confiance, y est-il dit, que le peuple a mise dans le
chef de l'Etat est grande, plus il a besoin de conseils éclairés, consciencieux. De là la création
d'une conseil d'Etat, désormais véritable conseil
du gouvernement, *premier rouage de notre organisation nouvelle.* » En conséquence, l'article 3 de la
Constitution était ainsi conçu :

« *L'Empereur gouverne au moyen des ministres, du
conseil d'Etat, du Sénat, du Corps législatif.* »

Ces mots semblaient indiquer un retour marqué
vers la monarchie administrative de Louis XIV et de
Napoléon ; mais il a suffi des habitudes de discussion qu'avait laissées le régime parlementaire pour
modifier sensiblement le caractère de l'institution.
Le conseil d'Etat était redescendu par le fait au
troisième rang ; il vient d'y être ramené plus que
jamais par la création des ministres sans portefeuille qui diminue beaucoup l'importance des
commissaires appelés seuls jusqu'ici à soutenir les
projets de loi. En définitive, la situation actuelle
du conseil d'Etat redevient à peu près la même
que sous la monarchie parlementaire.

XI

De la haute Cour.

Le dernier titre de la Constitution établit une haute Cour de justice pour juger sans appel ni recours en cassation les attentats contre la sûreté intérieure et extérieure de l'État. Cette Cour succède aux attributions judiciaires de l'ancienne Chambre des Pairs. « Le Sénat, dit la proclamation au peuple français, ne sera pas, comme la Chambre des Pairs, transformé en cour de justice ; il conservera son caractère de modérateur suprême, car la défaveur attend toujours les corps politiques lorsque le sanctuaire du législateur devient un tribunal criminel. L'impartialité du juge est trop souvent mise en doute, et il perd de son prestige devant l'opinion, qui va quelquefois jusqu'à l'accuser d'être l'instrument de la passion ou de la haine. »

L'institution de la Haute Cour, conforme au grand principe de la division des pouvoirs, n'a rien qui ne puisse être accepté par les partisans d'un Gouvernement libre. La Charte avait voulu donner toutes les garanties possibles aux accusés de haute trahison en les citant devant la Chambre des Pairs ; ce grand tribunal a toujours admirablement rempli son pénible devoir, témoin cet immense procès d'avril 1834, qui, non moins que la répression armée de Lyon et de Paris, a retardé de quatorze ans le triomphe de l'insurrection révolutionnaire. Composée de membres de la Cour de cassation et de jurés choisis dans les conseils généraux de département, la Haute Cour ne diffère pas essentiellement de la Chambre des Pairs par son personnel : elle est digne de lui succéder.

Quant aux défiances des partis, elles seront les mêmes dans ces deux cas. Ce qu'on a pu dire de la Chambre des Pairs, on pourra le dire de la Haute Cour ; on le dirait même de la justice ordinaire, si elle était appelée à connaître de ces sortes d'attentats. Dans un pays soumis à de brusques révolutions, où l'accusé de la veille est souvent le juge du lendemain, la justice politique présente des difficultés inévitables qu'aucun système ne peut résoudre absolument.

XII

Du Décret sur la presse.

Ici finit la Constitution proprement dite, mais elle se complète par le décret organique sur la presse. Ce décret investit le ministre de l'intérieur du droit d'avertir, de suspendre et de supprimer les journaux, et il n'est pas resté une lettre morte, car plus de 200 avertissements ont été donnés depuis neuf ans; un grand nombre de journaux ont été frappés de suspension, et NEUF ont subi la peine de la suppression (1).

Le Gouvernement actuel de la France est le plus puissant que le monde ait jamais vu. Appuyé sur un trésor inépuisable et sur une armée de 600,000 hommes, la plus brave et la plus dévouée qui existe, disposant en maître absolu de toutes les fonctions publiques dans un pays où elles font l'unique objet de toutes les ambitions, ne rencontrant devant lui ni classes, ni provinces, ni institutions anciennes, ni hommes influents, soutenu enfin par l'adhésion plusieurs fois répétée de la nation presque tout entière, on a peine à croire qu'il puisse avoir besoin, après neuf ans de durée et de triomphes, d'une arme aussi terrible que ce droit arbitraire de suppression. Quiconque a vu par quels excès la presse a fini par amener la révolution de 1848 ne peut que désirer une répression sévère

---

(1) On peut s'en assurer en consultant l'appendice courageux écrit de M. Léon Vingtain sur la *Liberté d a Presse* où tous ces avertissements se trouvent textuellement reproduits.

de ces écarts ; mais, même pour ceux qui en ont le plus souffert, il est impossible de comprendre la nécessité d'un pareil empiétement de l'autorité administrative sur le pouvoir judiciaire.

Il appartient au Sénat d'examiner jusqu'à quel point ce mode de jugement peut se concilier avec les principes de 1789 et spécialement avec l'inviolabilité de la propriété et l'égalité des citoyens devant la loi, dont la Constitution l'établit le gardien. Les arrêtés ministériels qui prononcent la suspension ou la suppression des journaux doivent compter sans doute parmi les *actes* qui peuvent lui être déférés par des pétitions, et l'usage d'un droit si exceptionnel ne peut qu'engager, au moins par ses motifs, la responsabilité de ceux qui l'exercent. La Constitution de 1852 n'a pas, il est vrai, rétabli la *commission sénatoriale de la liberté de la presse*, instituée par le sénatus-consulte de 1804, mais il faut voir dans cette suppression une garantie, le Sénat tout entier étant aujourd'hui investi des droits et des devoirs réservés en 1804 à une commission de sept membres. Cette commission ayant fort négligemment rempli son mandat, n'est pas à regretter ; le Sénat actuel n'aura pas de peine à mieux faire.

Dans tous les cas, la presse non périodique n'a pas été soumise aux mêmes règles, et cette voie

reste ouverte à l'expression de toutes les opinions,
sous la juste et nécessaire surveillance des tribu-
naux ; le pouvoir lui-même a donné l'exemple, si
ce qu'on a dit de l'origine de quelques brochures
est vrai ; c'est à nous tous à le suivre, sans haine et
sans crainte, quand nous croyons avoir quelque
chose à dire dans l'intérêt public.

XIII

De la Constitution de l'an VIII.

Somme toute, les grandes assises d'un Gouvernement libre sont restées debout dans la Constitution de 1852, et ce qui en reste suffit, depuis le
décret du 24 novembre, pour reconquérir légalement et pacifiquement ce qui nous manque ; il ne
s'agit que de le vouloir. Ce serait même un travail
aussi curieux qu'instructif que de comparer cette
Constitution avec celle de l'an VIII qui lui a servi
de modèle et de rechercher quelles modifications le temps y a introduites. Le suffrage universel sert toujours de base, mais dans la Constitution primitive, il n'intervenait que pour choisir
une liste dite *communale* composée du dixième des
électeurs ; les citoyens élus pour former cette liste

en choisissaient une seconde dite *départementale* composée également du dixième d'entre eux, et les membres de cette seconde liste en élisaient parmi eux une troisième dite *nationale* composée encore d'un dixième. C'est dans cette dernière liste, qui compterait aujourd'hui 9,000 noms environ, que le Sénat devait choisir au scrutin ses propres membres et ceux des autres corps de l'Etat. Toutes ces combinaisons imaginées pour fausser le suffrage universel, ont disparu.

Pour le jeu des pouvoirs, la Constitution de l'an VIII n'était au fond, malgré sa prétention à l'originalité la plus savante, qu'une imitation confuse de la monarchie parlementaire, et la vérité a fini par se faire jour sous les obscurités dont on l'avait couverte. Ce grand électeur inventé par Sieyès pour tenir lieu d'un roi constitutionnel, est devenu successivement un premier consul et un empereur héréditaire ; ce Corps législatif qui devait voter les lois sans les discuter et ce Tribunat qui devait discuter des lois sans les voter, se sont fondus l'un dans l'autre et ont formé ensemble l'analogue d'une Chambre des communes ; ce Sénat enfin, qui devait se nommer lui-même ainsi que tous les corps délibérants et jusqu'au pouvoir exécutif, ne nomme plus personne, et prend peu à peu dans l'Etat, malgré des attributions assez différentes, la place d'une Chambre des Pairs.

La Constitution impériale, dans son état actuel, ressemble donc beaucoup plus à la Constitution anglaise qu'à celle de l'an VIII. Ceux qui mettent leur amour-propre national à n'avoir que des institutions dont l'invention nous appartienne, feront bien d'en prendre leur parti. N'est pas original qui veut. Quand on lit avec un peu d'attention notre histoire, on voit que la France a imité l'Italie au XVIe siècle, l'Espagne au XVIIe, l'Angleterre au XVIIIe et au XIXe, elle n'en est pas moins la France. Avons-nous à nous repentir d'avoir emprunté à l'Angleterre les chemins de fer, les bateaux à vapeur, les grands établissements de crédit, l'application de la mécanique à l'industrie et à l'agriculture? A son tour, l'Angleterre nous a emprunté, nous emprunte et nous empruntera; ainsi le veut le progrès en commun, la marche de la civilisation universelle.

La Constitution de l'an VIII, avec ses consuls, ses tribuns, ses sénatus-consultes, ses plébiscites, copiait elle aussi, au moins dans les termes, l'ancien empire romain, et modèle pour modèle, l'un vaut bien l'autre.

Il ne serait pas moins intéressant de comparer le sénatus-consulte organique de 1852 qui a rétabli l'Empire avec celui de 1804 qui l'a institué.

Ce qui frapperait le plus dans ce parallèle serait la disparition du titre V de 1804 qui créait les grands dignitaires de la couronne, le grand électeur, l'archi-chancelier d'Empire, l'archi-chancelier d'Etat, l'archi-trésorier, le connétable et le grand-amiral; un titre tout entier déterminait avec le plus grand détail les attributions de ces hauts fonctionnaires qui jouissaient des mêmes honneurs que les princes français. Le nouveau législateur aura pensé sans doute que cette institution pompeuse pouvait difficilement se concilier avec le principe de la responsabilité ministérielle dont il n'était guère question en 1804.

XIV

De la Commune et du Département.

Aux institutions constitutionnelles d'ordre général, s'ajoutent, comme annexes nécessaires, les institutions départementales et communales. Celles-là surtout diffèrent profondément de ce qu'elles étaient en l'an VIII; elles existaient à peine alors, elles ont aujourd'hui la consécration de la durée. On ne leur a guère fait subir d'autre changement, que la substitution du suffrage universel au suffrage restreint, ce qui semblait devoir leur donner une nouvelle vie. Nous avons pu cependant remarquer dans ces derniers temps un grand affaiblissement de la vie locale comme de la vie politique, mais cette indifférence était toute volontaire, puisque les attributions des conseils de la commune et du département n'ont pas changé. Dans les élections qui viennent d'avoir lieu, la grande majorité s'est abstenue, et les élus ont eu beaucoup de peine à réunir le quart des électeurs inscrits.

Les motifs apparents de cet abandon ne suffisent pas pour lui servir d'excuse ; rien ne vaut contre le suffrage universel, et des mille petits fils qui tentent d'enchaîner ce géant couché, il n'en est pas un qui puisse l'arrêter une seconde, dès qu'il lui plaît de faire un mouvement. La vérité est que, par un malheureux effet d'anciennes habitudes, contractées pendant des siècles de despotisme et de centralisation, nous n'attachons pas assez d'importance à l'usage de ces droits locaux, qui, dans tous les pays libres, forment la base indestructible des droits politiques. La monarchie de 1830 est depuis Louis XVI, la seule qui ait fait quelques efforts pour réveiller chez nous ce sens endormi, par ses lois sur les élections départementales et communales, l'instruction primaire, les chemins vicinaux ;mais elle n'a pu nous arracher tout à fait à notre inertie séculaire, et nous y retombons volontiers.

Que le néant des systèmes radicaux, la chute imméritée du meilleur Gouvernement qu'aucun peuple ait jamais eu, les luttes sanglantes et les déceptions de toute sorte, aient amené la France à douter d'elle-même et à chercher un maître, cette abdication momentanée peut se comprendre à la rigueur dans l'ordre politique, non dans l'ordre administratif. Les conseils électifs de la commune et du département n'ont jamais donné dans les excès et dans les folies ; eux seuls évidemment peuvent suffire à l'immense variété des intérêts et connaître partout à la fois les véritables besoins de toutes les parties du pays ; eux seuls peuvent entreprendre et mener à bien ce réseau infini de travaux publics qui doit couvrir de ses mailles le plus humble hameau ; eux seuls enfin peuvent arriver à résoudre un jour ces questions de charité publique et de fraternité sociale qu'on ne connaît bien qu'en les touchant de près. Au lieu de réduire leurs attributions, il faudrait plutôt chercher à les étendre.

Si nous avons tour à tour abusé et désespéré d'un Gouvernement libre, c'est que nous n'y étions pas assez préparés par un usage sérieux des franchises locales. Essentiellement positifs,

les intérêts locaux se prêtent peu au vague des
théories et à l'entraînement des passions ; quelques symptômes significatifs semblent indiquer
qu'ils commencent à se réveiller, au moins dans
nos plus grandes cités ; rien ne peut être d'un
meilleur augure, car c'est sur eux que devra
s'asseoir tôt ou tard notre régénération politique.

XV

De l'Esprit public.

L'histoire ne se répète jamais complétement, et
tant d'expériences successives n'ont pu être per-
dues pour l'éducation nationale. Tout n'est pas
tombé à la fois dans le lent travail du passé. La
seconde République n'a été, Dieu merci, qu'une
réminiscence affaiblie de la première ; à son tour,
le second empire peut être bien différent du premier. N'eût-il pas mieux valu, en 1814, que le
Sénat et le Corps législatif eussent arrêté Napoléon avant Moscou et Leipzig ? Un texte n'est rien
par lui-même, c'est la disposition de l'esprit public qui lui donne le sens et la vie. « La nation
écossaise, dit lord Macaulay dans sa notice sur
Hampden, sera mieux gouvernée avec une bonne
Constitution qu'avec une mauvaise, mais elle sera

mieux gouvernée avec une mauvaise que tout autre avec une bonne ; et la raison en est simple, c'est qu'elle ne souffrirait pas d'être mal gouvernée. »

On s'est beaucoup demandé, on se demande encore jusqu'à quel point le suffrage universel peut se concilier avec la liberté ; il faut que ce problème soit résolu, car si universel que soit le suffrage universel, la liberté est plus universelle encore. Poussé à ses dernières conséquences, le suffrage universel n'est que le droit pour la moitié *plus un* du peuple d'opprimer la moitié *moins un*, tandis que la liberté réside tout entière dans chaque membre de la communauté, même le plus faible et le plus isolé. Le suffrage universel ne saurait faire du mal le bien, de l'injuste le juste, de l'impossible et du chimérique le possible et le praticable. Plus il a de force, plus il a besoin d'entendre toutes les vérités et de respecter tous les droits. Ceux qui lui disent qu'il est absolu travaillent à le perdre : la liberté seule peut rendre sa domination légitime et durable.

On dit que le despotisme le plus redoutable est celui qui s'établit dans un pays démocratique, l'égalité dans la servitude étant toujours de l'égalité. Vraie en elle-même, cette observation ne s'applique qu'avec réserve à notre temps. Nous avons connu la liberté, nous en avons usé, et il en est resté comme un arome salutaire qui nous préserve de l'extrême abaissement. Notre société est d'ailleurs essentiellement laborieuse et progressive ; ses besoins sont encore plus forts que ses défaillances. Elle peut aimer le despotisme pour son repos, mais la liberté lui est nécessaire pour son travail, et qu'elle le veuille ou non, il faut qu'elle marche. A défaut de causes morales, si elles pouvaient manquer tout à fait, les intérêts matériels suffiraient pour nous relever, car les droits sont la sauvegarde des intérêts, et les uns ne peuvent longtemps se passer des autres.

Même avant le décret du 24 novembre, le gouvernement lui-même invitait la nation à prendre désormais une part plus grande à ses affaires. On se rappelle en quels termes le *Moniteur* a gourmandé l'inactivité du Sénat, et, en effet, en présence des lacunes que présente encore notre législation pour arriver à l'application complète des principes de 1789, l'assemblée chargée spécialement de veiller sur les libertés publiques, ne peut pas se plaindre de n'avoir rien à faire. A son tour, le *Moniteur* du 12 août dernier, en rendant compte des travaux du Corps législatif, fait remarquer que *chaque année qui s'écoule montre avec plus d'évidence quelle place considérable la chambre*

élective occupe dans notre organisation politique; le
nouveau décret permet d'espérer qu'à l'avenir, le
rôle du Corps législatif sera plus *considérable* encore, et que, pour employer toujours les expres-
sions du *Moniteur, les opinions les plus diverses s'y
produiront de jour en jour avec plus de force, de liberté et d'éclat.*

Ces appels réitérés à l'opinion se comprennent
du reste parfaitement, quand il s'agit de rétablir la
confiance ébranlée et de rassurer la France et l'Europe contre le danger de nouvelles conflagrations.
La paix ne sera véritablement certaine que lors-
qu'elle aura pour garantie la liberté. Les peuples
libres ne sont pas belliqueux ; ils ont un trop
juste sentiment de leurs intérêts pour courir, sans
nécessité, ces hasards ruineux et sanglants où la
victoire, même la plus belle, vaut rarement ce
qu'elle coûte. De même il n'y a pas de plus sûr re-
mède contre le retour si redouté des révolutions
que l'exercice viril et journalier des droits politiques ; les pays les plus libres de l'Europe sont en
même temps les moins travaillés par l'esprit de
bouleversement. » Le plus grand danger de nos
jours, a dit avec raison M. de Tocqueville, n'est ni
l'anarchie ni le despotisme, mais l'apathie géné-
rale, qui peut produire indifféremment l'une ou
l'autre. »

L'histoire, qui saura tout, racontera quelque jour comment un pouvoir sans limites a pu être amené à se décharger spontanément d'une responsabilité devenue sans doute trop lourde. Pour nous, ne voyons dans ce spectacle inattendu qu'un motif de plus pour rester invariablement attachés à ces idées de liberté réglée et de dignité personnelle qui, même quand elles paraissent abattues et délaissées à jamais, finissent par triompher sans combat, par la seule puissance du droit et de la vérité. Nous allons peut-être assister, tant la catastrophe de 1848 a brisé le ressort national, à ce bizarre et triste spectacle d'une nation à qui son Gouvernement offre des droits politiques et qui hésite à s'en servir. Quand même ce nouveau mécompte nous serait réservé, ne désespérons pas; l'étoile de 1789, souvent éclipsée, mais toujours renaissante, ne peut pas disparaître de notre ciel.

FIN.

TABLE

IMPRIMERIE DE BEAU, A SAINT-GERMAIN-EN-LAYE.

www.ingramcontent.com/pod-product-compliance
Lightning Source LLC
Chambersburg PA
CBHW061236030726
47595CB00004B/1557